GOSCINNY ET UDERZO
PRÉSENTENT
UNE AVENTURE D'ASTÉRIX

L'IRIS BLANC

Texte **FABCARO**   Dessins **Didier CONRAD**

Mise en couleur : Thierry Mébarki

www.asterix.com   Asterix et Obelix   @lartdasterix

AVEZ-VOUS TOUT LU?

LES ALBUMS D'ASTÉRIX EN BANDES DESSINÉES

ÉDITIONS DE LUXE

LES ALBUMS ILLUSTRÉS

LES AVENTURES D'IDÉFIX EN BANDES DESSINÉES AUX ÉDITIONS ALBERT RENÉ

DES MÊMES AUTEURS AUX ÉDITIONS ALBERT RENÉ

LES INTÉGRALES GOSCINNY / UDERZO

Retrouvez Astérix et ses amis au Parc Astérix

hachette

58, rue Jean Bleuzen - CS 70007 - 92178 Vanves Cedex

ASTERIX®-OBELIX®-IDÉFIX® / © 2023 HACHETTE LIVRE / GOSCINNY – UDERZO
Les Aventures d'Astérix et Obélix sont une création de René Goscinny et Albert Uderzo

Dépôt légal : octobre 2023 - Édition 04
Impression en décembre 2023 - n° 133-4-01
ISBN : **978-2-01400-133-4**

Imprimé par : Pollina à Luçon, France - 13996

Loi n° 49956 du 16 juillet 1949 sur les publications destinées à la jeunesse

PAPIER CERTIFIÉ

NOUS SOMMES EN 50 AVANT JÉSUS-CHRIST. TOUTE LA GAULE EST OCCUPÉE PAR LES ROMAINS... TOUTE ? NON ! UN VILLAGE PEUPLÉ D'IRRÉDUCTIBLES GAULOIS RÉSISTE ENCORE ET TOUJOURS À L'ENVAHISSEUR. ET LA VIE N'EST PAS FACILE POUR LES GARNISONS DE LÉGIONNAIRES ROMAINS DES CAMPS RETRANCHÉS DE BABAORUM, AQUARIUM, LAUDANUM ET PETIBONUM...

ASTÉRIX, LE HÉROS DE CES AVENTURES. PETIT GUERRIER À L'ESPRIT MALIN, À L'INTELLIGENCE VIVE, TOUTES LES MISSIONS PÉRILLEUSES LUI SONT CONFIÉES SANS HÉSITATION. ASTÉRIX TIRE SA FORCE SURHUMAINE DE LA POTION MAGIQUE DU DRUIDE PANORAMIX...

PANORAMIX, LE DRUIDE VÉNÉRABLE DU VILLAGE, CUEILLE LE GUI ET PRÉPARE DES POTIONS MAGIQUES. SA PLUS GRANDE RÉUSSITE EST LA POTION QUI DONNE UNE FORCE SURHUMAINE AU CONSOMMATEUR. MAIS PANORAMIX A D'AUTRES RECETTES EN RÉSERVE...

OBÉLIX EST L'INSÉPARABLE AMI D'ASTÉRIX. LIVREUR DE MENHIRS DE SON ÉTAT, GRAND AMATEUR DE SANGLIERS ET DE BELLES BAGARRES. OBÉLIX EST PRÊT À TOUT ABANDONNER POUR SUIVRE ASTÉRIX DANS UNE NOUVELLE AVENTURE. IL EST ACCOMPAGNÉ PAR IDÉFIX, LE SEUL CHIEN ÉCOLOGISTE CONNU, QUI HURLE DE DÉSESPOIR QUAND ON ABAT UN ARBRE.

ASSURANCETOURIX, C'EST LE BARDE. LES OPINIONS SUR SON TALENT SONT PARTAGÉES : LUI, IL TROUVE QU'IL EST GÉNIAL, TOUS LES AUTRES PENSENT QU'IL EST INNOMMABLE. MAIS QUAND IL NE DIT RIEN, C'EST UN GAI COMPAGNON, FORT APPRÉCIÉ...

ABRARACOURCIX, ENFIN, EST LE CHEF DE LA TRIBU. MAJESTUEUX, COURAGEUX, OMBRAGEUX, LE VIEUX GUERRIER EST RESPECTÉ PAR SES HOMMES, CRAINT PAR SES ENNEMIS. ABRARACOURCIX NE CRAINT QU'UNE CHOSE : C'EST QUE LE CIEL LUI TOMBE SUR LA TÊTE, MAIS COMME IL LE DIT LUI-MÊME : "C'EST PAS DEMAIN LA VEILLE !"

NE LAISSONS AUCUNE CHANCE À CES GOTHS! À MON COMMANDEMENT...

CHARGEEEZ!

CHARGEZ... C'EST-À-DIRE?

PRÉCISEZ VOTRE PENSÉE...

NON PARCE QUE VOUS AVEZ L'AIR MOTIVÉ COMME ÇA, MAIS ON SENT LE COUP FOURRÉ...

BEN LA CHARGE, QUOI! LE COMBAT SANGLANT, LA CONQUÊTE DE NOUVEAUX TERRITOIRES, LA GLOIRE DE ROME, TOUT ÇA...

AH OUI, NON D'ACCORD, SI C'EST ÇA, CE SERA SANS MOI, J'AI PAS L'ÉNERGIE LÀ, JE PRÉFÈRE ALLER ME RECHARGER AILLEURS.

PAREIL. DÉSERTION, LES GARS.

LES GOTHS ET LES COULEURS, HEIN...

J'AI PASSÉ L'ÂGE DE JOUER AVEC LES GOTHS...

MAIS... **VOUS ALLEZ OÙ???**

MOI JE VAIS ME REPOSER SOUS UNE PEAU DE CHÈVRE AVEC UNE INFUSION DE LAURIER...

OOH, BONNE IDÉE!

ET UN BON PAPYRUS! LE RÊVE!

À ROME, AU PALAIS DE CÉSAR...

ENCORE?!! ÇA NE PEUT PLUS DURER!

CES DERNIERS MOIS, LES MUTINERIES ET LES DÉSERTIONS SONT LÉGION! LE MORAL DES TROUPES EST EN BERNE, MOI QUI PENSAIS QUE L'AIR DES CAMPAGNES LEUR FERAIT LE PLUS GRAND BIEN...

ALORS QUE LES TROUPES DE POMPÉE, ELLES, NE SE SONT JAMAIS AUSSI BIEN PORTÉES...

ON SE DEMANDE PARFOIS DANS QUEL CAMP TU ES, BRUTUS MON FILS...

ASSEZ DE CES GRANDES DÉMISSIONS! J'ATTENDS VOS PROPOSITIONS, VOUS MES MEILLEURS TRIBUNS MILITAIRES...

MOI JE DIS, À LA MOINDRE BAISSE DE FORME, HOP, UNE PETITE DÉCIMATION ET C'EST RÉGLÉ.

À PART PERDRE UN DIXIÈME DE NOS EFFECTIFS, ÇA N'A JAMAIS RIEN RÉGLÉ.

ET SI ON AUGMENTAIT LEUR SOLDE ?

CE N'EST PAS LA PÉRIODE DES SOLDES, JE LES AI DÉJÀ DOUBLÉES LORS DE LA GUERRE DES GAULES !

MAIS OUI ! ON MET DES SESTERCES DE DINGUE DANS CE VILLAGE GAULOIS QUI RÉSISTE ENCORE ET TOUJOURS !

MMH... AUTRE CHOSE POUR M'ÉCLAIRER ?

"POUR ÉCLAIRER LA FORÊT, LA FLORAISON D'UN SEUL IRIS SUFFIT..."

QU'EST-CE QUE C'EST QUE CE CHARABIA, Ô VICÉVERTUS, MÉDECIN-CHEF DE MES ARMÉES ?

Ô GRAND CÉSAR, IL S'AGIT PLUTÔT D'UNE MÉTHODE SUR LAQUELLE JE TRAVAILLE DEPUIS DES ANNÉES ET QUE J'AI NOMMÉE "L'IRIS BLANC" !

CAR NOUS AVONS TOUS AU FOND DE NOUS UNE FLEUR NE DEMANDANT QU'À S'ÉPANOUIR DANS LA BIENVEILLANCE... MA MÉTHODE, INSPIRÉE DU PHILOSOPHE GREC GRANBIENVOUFAS...

ÉPARGNE-MOI TES SALADES GRECQUES !

UN LÉGIONNAIRE HEUREUX EST UN LÉGIONNAIRE COMBATIF, POUR ÇA, RIEN DE TEL QUE LA **PENSÉE POSITIVE** ET UNE ALIMENTATION SAINE...

PEUH ! UNE DEMI-LOUCHE DE BLÉ NOIR PAR JOUR ET ON N'EN PARLE PLUS !

CONFIE-MOI L'UNE DE TES GARNISONS ET JE TE DÉMONTRERAI L'EFFICACITÉ DE MON REMÈDE. TU RESTERAS DANS L'HISTOIRE COMME CELUI QUI A RENOUVELÉ L'ART DE MOTIVER LES HOMMES !...

MMH... FORCE EST DE CONSTATER QUE NOUS AVONS TOUT ESSAYÉ. ALORS ÇA OU AUTRE CHOSE...

TU IRAS AU CAMP DE BABAORUM EN ARMORIQUE, MAIS JE N'ACCEPTERAI QU'UNE SEULE PREUVE DE TA RÉUSSITE : QUE MES LÉGIONNAIRES SOUMETTENT LE VILLAGE QUI NOUS RÉSISTE !

SI TU RÉUSSIS, TA GLOIRE EST FAITE, ET NOUS APPLIQUERONS TA MÉTHODE À L'ENSEMBLE DE MES ARMÉES... SINON, C'EST LES LIONS QUE TU RENDRAS HEUREUX !

"UN TRIOMPHE SANS RISQUE EST UN TRIOMPHE ORPHELIN."

PRIE POUR LE RESTER, TOI, HORS FÉLIN !

QUELQUES JOURS PLUS TARD, AU CAMP DE BABAORUM...

JE N'AI PAS ENCORE BIEN SAISI TA MISSION VICÉVERTUS, MAIS JE N'AI D'AUTRE CHOIX QUE DE ME PLIER À TES ORDRES SI TELLE EST LA VOLONTÉ DE CÉSAR...

LES TEMPS CHANGENT, SIPILINCLUS!

C'EST BIEN ÇA LE PROBLÈME, SI TU VEUX MON AVIS...

ET ILS VONT CHANGER D'AUTANT PLUS GRÂCE À MA MÉTHODE! BIENTÔT LE NOM DE VICÉVERTUS SERA CONNU PARTOUT!

ET ELLE CONSISTE EN QUOI, CETTE FAMEUSE MÉTHODE?

JE VAIS APPRENDRE À TES HOMMES À PENSER POSITIF, À ÊTRE EN PAIX AVEC EUX-MÊMES POUR ÊTRE PRÊTS AU COMBAT!

"SI TU VEUX LA GUERRE PRÉPARE LA PAIX"? MOUAIS...

ET AUSSI À ÉVITER LES ALIMENTS TROP RICHES, COMME CEUX-LÀ, PAR EXEMPLE...

3A

TROP RICHE?? MA CAILLE CONFITE À LA GRAISSE D'AUTRUCHE?

D'AILLEURS JE VAIS ALLER M'APPROVISIONNER EN ALIMENTS DE TOUTE PREMIÈRE FRAÎCHEUR AU VILLAGE GAULOIS, CE SERA L'OCCASION D'ÉTABLIR UN PREMIER CONTACT...

QUOI?? TU VAS ALLER AU VILLAGE DES FOUS?!

TUTUTUT!

LEÇON NUMÉRO UN: PRIVILÉGIER LA FORMULATION POSITIVE PLUTÔT QUE LE DÉNIGREMENT...

TU VOULAIS PROBABLEMENT DIRE: "QUOI?? TU VAS ALLER AU VILLAGE DES GENS DIFFÉRENTS DE TOI ET MOI PAR LEUR COMPORTEMENT IMPRÉVISIBLE?!"

...OUI VOILÀ, C'EST ÇA...

J'EN PROFITERAI POUR TEMPÉRER UN PEU LEUR AGRESSIVITÉ...

3B

TU SAIS, ASTÉRIX, J'AI REMARQUÉ QUELQUE CHOSE: CHAQUE FOIS QUE JE VAIS CHASSER LE SANGLIER, ÇA M'OUVRE L'APPÉTIT...

ET QUAND TU N'Y VAS PAS?

ÇA M'OUVRE L'APPÉTIT AUSSI.

DONC, SI ON RÉSUME, TU AS TOUJOURS L'APPÉTIT OUVERT...

AH OUI, TIENS!

OH, MES AMIS À LA DYSHARMONIE GRACIEUSE, VOUS TOMBEZ BIEN, JE DOIS M'APPROVISIONNER EN VICTUAILLES FRAÎCHES ET SAINES... SAURIEZ-VOUS M'INDIQUER LE VILLAGE DES GAULOIS PROVIDENTIELS?

PROVIDENQUOI ??! RÉPÈTE UN PEU POUR VOIR ?!

ON NE NOUS A JAMAIS DIT UNE CHOSE PAREILLE!

DU CALME, OBÉLIX!

GRR!

LAISSE-LE S'EXPRIMER, SA COLÈRE EST SAINE.

TU POSSÈDES UNE BELLE ÉNERGIE, OBÉLIX! TA RUDESSE ARCHAÏQUE CACHE UN CŒUR TENDRE ET ATTENTIF À L'AUTRE...

TU TROUVERAS LE VILLAGE JUSTE APRÈS L'EXQUISE CLAIRIÈRE, AU SORTIR DE LA DOUCE FORÊT.

C'EST LUI QUI EST PROVIDENTIEL, OUI.

MERCI, MES AMIS! QUE VOUS TROUVIEZ SUR VOTRE CHEMIN TOUS LES IRIS QUE VOTRE CŒUR DÉSIRE!

J'ESPÈRE QU'ON TROUVERA AUTRE CHOSE, SINON ÇA RISQUE D'ÊTRE LÉGER COMME REPAS...

ENCORE UN ÉTRANGER... ON EST ENVAHIS!

ÇA COMMENCE AVEC UN ET ON VA ALLER JUSQU'OÙ COMME ÇA?

SALUT À TOI, NOBLE COMMERÇANT AUX EFFLUVES DE VARECH, JE SUIS VICÉVERTUS, VOYAGEUR EN ESCALE DANS VOTRE BELLE RÉGION! JE SOUHAITERAIS ACQUÉRIR QUELQUES-UNS DE CES POISSONS FRAIS GORGÉS D'ÉLÉMENTS ESSENTIELS...

?

FRAIS?? AH AH! CEUX-LÀ, ÇA FAIT TELLEMENT LONGTEMPS QU'ILS N'ONT PAS VU LA MER QUE S'ILS SE RÉVEILLAIENT, IL FAUDRAIT LEUR RÉAPPRENDRE À NAGER!

SI, MÔSSIEU, ILS SONT FRAIS, ILS SONT TOUT JUSTE ARRIVÉS DE LUTÈCE CE MATIN!

TU DEVRAIS LES PÊCHER TOI-MÊME AFIN DE PRIVILÉGIER LES SOURCES LOCALES...

PÊCHER DU POISSON? QUELLE IDÉE SAUGRENUE!...

AH AH! CES VOYAGEURS SONT PRÊTS À ACHETER N'IMPORTE QUOI... TU VAS VOIR QU'UN JOUR ON LEUR VENDRA DES BOLS AVEC DES NOMS GRAVÉS DESSUS EN GUISE DE SOUVENIRS D'ARMORIQUE!

PLONK

OH... CE SON, REFAIS-LE POUR VOIR...

HEIN?

CE SON! REFAIS-LE...

CLONK

TU SENS LA VIBRATION INCROYABLE DE CE SON?

SA PROPAGATION QUI APAISE ET FACILITE LA CIRCULATION DES ÉNERGIES?

JE TE PRENDS UNE ENCLUME COMME CELLE-CI!

ET UNE ENCLUME POUR LE VOYAGEUR AUX GOÛTS SÛRS!

FAYOT!

VENDU!

ZZZ

SI, MADAME, J'ÉTAIS DEVANT VOUS !!

LA FEMME DU CHEF EST TOUJOURS DEVANT !!!

TUTUTUT ! "VAINCRE LA COLÈRE, C'EST TRIOMPHER DE SON PLUS GRAND ENNEMI !"

COMMENT T'APPELLES-TU, MA DOUCE AMIE PLEINE D'UN ENTRAIN VIGOUREUX ?

B... BONEMINE.

BONEMINE, TU DOIS CANALISER TES PULSIONS ET LES TRANSFORMER EN UNE FORCE CONSTRUCTIVE... TU ÉMANES, TU IRRADIES, C'EST BEAU CE DON QUE TU AS...

"QU'IMPORTE D'ÊTRE DEVANT SI TON ÂME, ELLE, RESTE DERRIÈRE !"

OUI...

AU REVOIR, MES AMIS. JE REVIENDRAI DEMAIN ME RÉAPPROVISIONNER. CE VILLAGE DÉGAGE UNE VIBRATION MERVEILLEUSE...

BELLE JOURNÉE, PRENEZ SOIN DE VOUS...

TIENS, VOILÀ L'AUTRE PROVIDENTIEL...

C'EST QUI, AU JUSTE, CE ROMAIN ?

UN VOYAGEUR QUI CHERCHAIT DU POISSON FAISANDÉ POUR FAIRE DE LA COLLE...

DE L'ESSENTIEL D'ÉLÉMENTS SAINS GORGÉS AUX SOURCES LOCALES PRIVILÉGIÉES !

DE LA GNOGNOTTE ! ÇA VAUT PAS L'APAISEMENT QUE PROPAGE INCROYABLEMENT LA VIBRATION DANS LA CIRCULATION !

MES AMIS, COMMENÇONS UNE SÉRIE D'EXERCICES QUOTIDIENS POUR VOUS RÉCONCILIER AVEC VOUS-MÊMES ET VOUS REDONNER CE GOÛT DU COMBAT QUI COULE DANS VOS VEINES ...

EUH... ALORS MOI, Y A RIEN DE TOUT ÇA QUI COULE.

ÇA COULE PAS DE SOURCE SON HISTOIRE...

ÇA SENT LA DISCUSSION UN PEU VEINE ...

VEINI VIDI VICI.

TOUT D'ABORD UNE PETITE QUESTION : QUI PARMI VOUS A PEUR DES GAULOIS DU VILLAGE VOISIN ?

POURQUOI TU LÈVES PAS LE DOIGT, TOI ?

J'AI PEUR QUE LES GAULOIS ME VOIENT...

TRÈS BIEN, EST-CE QU'AVOIR PEUR VOUS EMPÊCHE DE RECEVOIR DES COUPS ?

NOOON!

VOILÀ ! "LA PEUR N'ÉCARTE PAS LE DANGER !" ELLE NE FAIT QUE RENDRE PLUS PÉNIBLE L'ATTENTE DE L'ACTE INÉLUCTABLE ! IL NE FAUT PAS LUTTER CONTRE LA VAGUE, MAIS L'ACCOMPAGNER !

OOOH !

OOOH !

OOOH !

NOUS ALLONS PROCÉDER À UNE PETITE SIMULATION, ORANJAJUS, TU VAS JOUER LE RÔLE DU GAULOIS ET M'AGRESSER, VAS-Y !

HEIN ?? BON...

EUH... PAR TOUTATIS ET AUSSI BÉLÉNOS, JE VAIS MANGER DU SANGLIER, BOIRE DE LA CERVOISE ET TE TAPER DESSUS TRÈS VIOLEMMENT !

C'EST MOI OU C'EST MAL JOUÉ ?

IL A COMPLÈTEMENT RATÉ, NON ?

J'AI HONTE POUR LUI !

OUAIS, BEN ÇA VA, J'AI PAS EU LE TEMPS DE RÉPÉTER !

TU NE ME FAIS PAS PEUR, GAULOIS ! TE COMBATTRE N'EST NULLEMENT UN PROBLÈME CAR VOIS-TU, UN PROBLÈME CESSE D'EN ÊTRE UN DÈS LORS QU'IL N'A PAS DE SOLUTION.

OOOH !

BIEN ENVOYÉ !

ÇA C'EST DE LA RÉPONSE !

AH AH ! COMME IL LUI A CLOUÉ LE BEC !

BRAVO !

CLAP CLAP CLAP CLAP CLAP CLAP

LE SURLENDEMAIN...

CHEZ
ORDRALFABETIX
POISSONS — CRUSTACÉS

MAIS... C'EST BIZARRE, ÇA NE SENT PLUS LE POISSON ICI.

C'EST PEUT-ÊTRE L'OCCASION DE LE GOÛTER ? ON N'A JAMAIS OSÉ LE FAIRE...

QU'EST-CE QUI SE PASSE ? TES POISSONS ONT UN PROBLÈME ?

C'EST PARCE QUE JE SUIS ALLÉ LES PÊCHER CE MATIN À L'AUBE !

HEIN ? MAIS ON NE RISQUE RIEN À MANGER DU POISSON QUI VIENT D'ÊTRE PÊCHÉ ?

ÉCOUTE, JE NE SAIS PAS... ET LE FAIT QUE LES MOUCHES AUTOUR AIENT DISPARU NE ME DIT RIEN QUI VAILLE...

NON, SEULEMENT TU NE RISQUES RIEN, MON BON OBÉLIX, MAIS TON CORPS TE LE RENDRA... BIEN LE BONJOUR, MES AMIS !

EUH, JE NE SAIS PAS SI J'AI TRÈS ENVIE QUE MON CORPS ME RENDE DU POISSON.

"CUEILLE CE QUI S'OFFRE À TOI SI TU EN VEUX LES BIENFAITS..."

CUEILLIR LES POISSONS ?

C'EST PAS UN ÉTRANGER QUI VA ME DIRE CE QUE JE DOIS MANGER
"'

J'AIME CETTE ROBUSTESSE, HOMME DONT LA SAGESSE SUPERBEMENT AFFIRMÉE N'A D'ÉGAL QUE LE CORPS LASCIF TAILLÉ DANS LE MARBRE
"'

BONJOUR, VICÉVERTUS
"'

OOOH, TU ES RESPLENDISSANTE AUJOURD'HUI, BONEMINE ! TU DÉGAGES UN PARFUM QUI DONNE ENVIE DE CHANTER !

ALORS QUE D'HABITUDE ÇA ATTIRE LES MOUCHES. JE COMPRENDS PAS !

EUH PARDON... JE PENSAIS ENCORE À MES POISSONS...

13

(×) VOIR "LES LAURIERS DE CÉSAR".

C'EST MOI OU IL Y A PLUS DE SANGLIERS CES TEMPS-CI?

PLUS PERSONNE NE LES CHASSE, ILS SE SONT TOUS MIS AU POISSON SUR LES CONSEILS DE VICÉVERTUS...

SI ÇA CONTINUE, ON FINIRA PAR SE NOURRIR DE BOUCHÉES DE POISSON CRU DANS DES MORCEAUX D'ALGUES!

N'EXAGÉRONS RIEN!

VICÉVERTUS LEUR A MIS DANS LA TÊTE QUE LA GRAISSE DE SANGLIER BOUCHE LES ARTÈRES ET LEUR FAIT DU MAL!

??

DU MAL?? COMMENT UN SANGLIER POURRAIT FAIRE DU MAL À QUI QUE CE SOIT?? IL N'Y A PAS PLUS SAIN ET DOUX QU'UN SANGLIER!

OUI, LE FAMEUX "ESPRIT SAIN DANS UN PORCIN"!

BON, CELA DIT, JE LES TROUVE UN PEU TROP DOUX, LÀ...

ILS POURRAIENT AU MOINS FAIRE SEMBLANT D'AVOIR PEUR, ÇA DEVIENT VEXANT... J'AI L'IMPRESSION DE RAMASSER DES CHAMPIGNONS!

ALLEZ, OUSTE! FUIS EN ÉTANT EFFRAYÉ PENDANT QUE JE COURS DERRIÈRE TOI AVEC UN AIR ENJOUÉ ET GOURMAND!

GROUIK?

JE ME DEMANDE SI PANORAMIX N'AVAIT PAS RAISON. NOS AMIS COMMENCENT À SÉRIEUSEMENT SE RAMOLLIR...

GROUIK TOI-MÊME!

... MAIS OUI, ILS SONT DEVENUS ENNUYEUX! TU CROIS QU'ON RECOMMENCERA À SE DISPUTER, À SE DONNER DES BAFFES ET À SE BOUCHER LES ARTÈRES EN RIGOLANT COMME AVANT?

J'EN SUIS SÛR, OBÉLIX, NE T'INQUIÈTE PAS, ÇA LEUR PASSERA!

TOUTATIS T'ENTENDE!... RHAAA ET POUSSEZ-VOUS, VOUS. DÉCIDÉMENT, VOUS BOUCHEZ TOUT!

GROUIK

GROUIK

GROUIK

GROUIK

DES ROMAINS !

DES GAULOIS !

EN VOILÀ UNE RENCONTRE PROMETTEUSE !

DES MARGUERITES, DES MÉSANGES, ET MAINTENANT NOS CHERS VOISINS GAULOIS, QUELLE BELLE PROMENADE !

VOILÀ QUI AUGURE UN COMBAT FORMATEUR !

"... DES MARGUERITES ??

EUX NON PLUS NE FUIENT PAS EN COURANT ! ILS ONT ATTRAPÉ LA MÊME MALADIE QUE LES SANGLIERS !

MAIS ASSEZ PALABRÉ ! MES AMIS, IL EST TEMPS DE GUERROYER !

ORANJAJUS EST PRESSÉ, MAIS N'Y VOYEZ RIEN DE BELLIQUEUX, JUSTE DE L'ENTHOUSIASME !

SACHEZ QUE NOTRE PIRE ENNEMI, C'EST NOUS ET NON VOUS !

BON, D'ACCORD, C'EST UN PEU VOUS AUSSI ...

ASTÉRIX, QU'EST-CE QUI SE PASSE ?? TOUT CE QUE J'AIME FAIRE DANS LA VIE EST DEVENU ENNUYEUX ! ... IL MANQUERAIT PLUS QUE J'APPRENNE QUE LES MENHIRS ÇA SERT À RIEN ...

GRR

CURIEUSE CETTE ENVIE SUBITE QU'ONT LES ROMAINS D'EN DÉCOUDRE. TOUT CECI COMMENCE QUAND MÊME À DEVENIR PRÉOCCUPANT ...

GROUIK

OUI BEN TOI, ON T'A PAS DEMANDÉ TON AVIS ...

DE RETOUR AU CAMP ...

NOUS AVONS CROISÉ DEUX GAULOIS FORT SYMPATHIQUES !

TU AURAIS DÛ VOIR AVEC QUEL ENTRAIN ILS NOUS COGNAIENT LE NEZ !

ET QUELLE GÉNÉROSITÉ DANS L'IMPACT DE LEURS POINGS SUR NOS MENTONS !

C'ÉTAIT UNE DÉFAITE DE TOUTE BEAUTÉ !

?!

ÇA, POUR ÊTRE POSITIFS, ILS SONT POSITIFS. POUR CE QUI EST D'ÊTRE EFFICACES, C'EST UNE AUTRE HISTOIRE ...

MHH... JE COMMENCE À ME DEMANDER SI MA MÉTHODE SERA SUFFISANTE FACE À LA POTION MAGIQUE !

MÊME ELLE SE MET À PRONONCER DES PHRASES INCOMPRÉHENSIBLES... HIER SOIR ENCORE, ELLE M'A DIT: "LE SANGLIER A PARFOIS BESOIN DE CHANGER DE FORÊT..."

QUOI?!

MAIS IL VA ALLER OÙ LE SANGLIER S'IL CHANGE DE FORÊT?

BEN JE SAIS PAS, ELLE NE M'A PAS DONNÉ DE PRÉCISIONS...

JE COMMENCE À PENSER QUE LA BIENVEILLANCE DE CE SOI-DISANT SAGE ENDORT NOTRE VIGILANCE ET NOUS REND PLUS VULNÉRABLES AUX ÉVENTUELS ASSAUTS DES ROMAINS...

NOS AMIS ONT PERDU TOUTE NOTION D'ESPRIT CRITIQUE ET DE RÉSISTANCE!

OUI, ET MA POTION MAGIQUE NE PEUT RIEN CONTRE ÇA...

CE QU'IL FAUDRAIT, C'EST UN GROS CHOC, QUELQUE CHOSE QUI LES RÉVEILLE...

UN COUP DE MENHIR?

NON, OBÉLIX, ÇA, ON A DÉJÀ FAIT.

PAR TOUTATIS, J'AI UNE IDÉE!

ASSURANCETOURIX!

VOILÀ UNE IDÉE QUI COMMENCE BIEN MAL...

CE SOIR, NOUS ALLONS ORGANISER UN GRAND RÉCITAL DE NOTRE BARDE OÙ TOUT LE VILLAGE SERA CONVIÉ! A-T-ON DÉJÀ VU UNE CHANSON D'ASSURANCETOURIX SE FINIR AUTREMENT QU'EN BAGARRE? VOILÀ QUI DEVRAIT LES SECOUER!

BONNE IDÉE, BIEN QU'UN PEU RADICALE!

C'EST BIEN CE QUE JE PENSAIS...

FAIRE CHANTER ASSURANCETOURIX POUR EMPÊCHER LES SANGLIERS DE CHANGER DE FORÊT? TU ES SÛR DE TON PLAN, ASTÉRIX?

19

♪ ON S'ÉTAIT DIT : RENDEZ-VOUUUS DANS BYZANCE ♪

ÉCOUTE, C'EST UN PARTI PRIS AUDACIEUX.

CE N'EST PAS MON BOL DE LAIT DE CHÈVRE, MAIS JE COMPRENDS QU'ON PUISSE AIMER...

IL EN FAUT POUR TOUS LES GOÛTS.

JE NE PEUX PAS DIRE QUE JE N'AIME PAS.

IL FAUT BIEN QUE JEUNESSE SE PASSE, NOUS AUSSI ON A ÉTÉ FOUFOUS!

MOI JE DIS LA LIBERTÉ D'EXPRESSION AVANT TOUT.

OUI, IL EST IMPORTANT DE LAISSER LES MINORITÉS AUDIBLES S'EXPRIMER.

LÉGIONNAIRE PARTICULIEEER ♪ CHERCHE LÉGIONNAIIIRE PARTICULIÈÈÈRE ♪

QUOI?? MÊME ÇA ILS LE TOLÈRENT? CE N'EST PAS POSSIBLE!

EH EH QUOI?

ALLEEEZ! ALÉSIAAAAA BOIRE UN P'TIT COUP...

...À LA MAISOOON ?

MES AMIS, QU'ÊTES-VOUS DEVENUS?? OÙ SONT PASSÉS LES VALEUREUX QUERELLEURS QUE J'AI CONNUS? OÙ SONT LES COPAINS QUI AIMAIENT TANT RIRE, BOIRE ET SE GOINFRER? RÉVEILLEZ-VOUS!

BRAVO, MON CHER ASTÉRIX, QUEL SEUL EN SCÈNE ABSOLUMENT MERVEILLEUX! "LES MOTS SONT UN SOLEIL POUR LE CŒUR!"

PAF!

"L'IMPORTANT, C'EST PAS LA CHUTE, C'EST L'ATTERRISSAGE..."

QUEL BEAU GESTE!

QUELLE ÉLÉGANCE!

CETTE HARMONIE DANS LEURS MOUVEMENTS!

"CE QUI EST EN TOI, EXPRIME-LE!"

PERCUTANT!

EH EH QUOI?

IL VA OÙ ?

IL N'A MÊME PAS ACHETÉ SES SOURCES LOCALES...

ET MA NOUVELLE PROPAGATION APAISANTE, ALORS ?

ÇA SE COMPLIQUE ! JUSTE AU MOMENT OÙ CES GAULOIS ÉTAIENT EN TRAIN DE SE RAMOLLIR ET NOS SOLDATS DE REPRENDRE CONFIANCE !

MES AMIS, VOUS DEVEZ VOUS DÉTACHER DE LA MAUVAISE INFLUENCE DE CE VOYAGEUR ! REPRENEZ VOS ESPRITS !

BONEMINE ?

VICÉVERTUS ?

TU REPARS DÉJÀ ? J'ALLAIS TE RAPPORTER UN PETIT BOUQUET...

TIENS TIENS, IL ME VIENT UNE IDÉE !

HÉLAS OUI, ET DÉFINITIVEMENT. CE SYMPATHIQUE QUOIQUE IMPÉTUEUX ASTÉRIX M'A BIEN FAIT COMPRENDRE QUE MA PLACE N'ÉTAIT PAS PARMI VOUS...

QUOI ?? MAIS... OÙ VAS-TU ALLER ?

OH, JE VAIS PROBABLEMENT ALLER QUELQUE TEMPS DANS LA MAJESTUEUSE LUTÈCE... ÇA ME FERA LE PLUS GRAND BIEN !

LUTÈCE ?? OH...

OUI, JE VAIS Y ALLER SEUL... MAIS NE TRAVERSONS-NOUS PAS LA VIE SEULS, AU FOND ?

SEUL ? MAIS JE NE RÊVE QUE DE ÇA, MOI, RETOURNER À LUTÈCE !

23

DANS LE CAMP DE BABAORUM... SOIT, TA MÉTHODE SEMBLE FONCTIONNER, MAIS UN DOUTE SUBSISTE...

"... QUE COMPTES-TU..." CENTURION, C'EST DANS COMBIEN DE DODOS QU'ON ATTAQUE LES GAULOIS? PARCE QUE LÀ ON TIENT PLUS !

SORS D'ICI, TOI ! ON VOUS CLAIRONNERA EN TEMPS VOULU !

"TU AS RAISON ! AVEC LE TEMPS ET LA PATIENCE, LA FEUILLE DU MÛRIER DEVIENT SOIE..."

BON D'ACCORD, TA MÉTHODE **FONCTIONNE**... MAIS CROIS-TU VRAIMENT QU'ELLE PEUT SUFFIRE CONTRE LA POTION MAGIQUE DE CES FOUS ?

ELLE AURAIT PU SANS L'INTERVENTION DU PETIT GAULOIS TEIGNEUX... MAIS UN PLAN AUTREMENT PLUS REDOUTABLE S'EST IMPOSÉ À MOI DANS TOUTE SON ÉVIDENCE "..."

JE VAIS LIVRER BONEMINE, LA FEMME DU CHEF, À CÉSAR !

CAPTURER LA FEMME DU CHEF ?? LE POISSON T'EST MONTÉ À LA TÊTE, VICÉVERTUS... CELUI QUI ENLÈVERA UN GAULOIS DE CE VILLAGE N'EST PAS ENCORE NÉ !

NON, PAS CAPTURER, SIPILINCLUS, **ELLE VA ME SUIVRE DE SON PLEIN GRÉ !**

DE SON PLEIN GRÉ ??

ELLE EST SOUS MON EMPRISE, JE VAIS L'EMMENER À LUTÈCE AVEC MOI. CÉSAR DOIT S'Y RENDRE POUR NOMMER UN NOUVEAU PRÉFET, CE SERA L'OCCASION DE LUI OFFRIR MA PETITE SURPRISE "..."

ET TU CROIS PEUT-ÊTRE QUE LES GAULOIS NE VONT RIEN FAIRE POUR LA RÉCUPÉRER ?

LES BARRAGES RENFORCÉS QUE NOUS ALLONS FAIRE PLACER SUR LE TRAJET DEVRAIENT LES RALENTIR ASSEZ LONGTEMPS !

UNE FOIS LA FEMME DU CHEF LIVRÉE À CÉSAR, LE VILLAGE NE POURRA QUE SE RENDRE ! LA PREUVE DÉFINITIVE DE L'EFFICACITÉ DE MA MÉTHODE, L'IRIS BLANC VA TRAVERSER LES SIÈCLES !

TRAVERSE LES PROCHAINS JOURS, CE SERA DÉJÀ PAS MAL ...

LE LENDEMAIN, AU PETIT MATIN, C'EST UN AUTRE CHANT QUE CELUI DU COQ QUI RÉVEILLE LE VILLAGE...

BOUHOUHOUUU!

JE SUIS MALHEUREUUUH BOUHOUHOUU!

QUE SE PASSE-T-IL?

BONEMINE EST PARTIE...

ELLE M'A LAISSÉ UN MESSAGE, JE L'ENTENDAIS GRAVER DE BON MATIN, MAIS JE CROYAIS QU'ELLE FAISAIT LA LISTE DE COURSES...

"COCHONNET, JE SUIS PARTIE MAIS C'EST POUR MIEUX TE REVENIR. J'AVAIS BESOIN DE PRENDRE L'AIR, UNE FEMME ÇA DOIT RESPIRER..."

ÇA DOIT RESPIRER QUOI?

CHUT, OBÉLIX.

NOUS AVONS TOUJOURS ÉTÉ UN COUPLE ANTIQUE, AVEC UN PARTAGE DES TÂCHES ÉQUITABLE. ELLE FAISAIT LE MÉNAGE ET LA CUISINE PENDANT QUE J'ALLAIS MANGER ET RIGOLER AVEC LES COPAINS, JE NE VOIS PAS CE QU'ELLE PEUT ME REPROCHER...

JE SUIS SÛR QU'ELLE EST PARTIE AVEC L'AUTRE BELLÂTRE, LÀ. DEPUIS LE TEMPS QU'IL LUI TOURNE AUTOUR, CELUI-LÀ!!!

À MOINS QU'ELLE NE SOIT PAS PARTIE DE SON PLEIN GRÉ... ES-TU CERTAIN QUE C'EST BIEN BONEMINE QUI A GRAVÉ CE MOT?

OUI, JE RECONNAÎTRAIS SON GRAVAGE ENTRE MILLE... ET PUIS IL N'Y A QU'ELLE POUR M'APPELER COCHONNET!

PFRRR!

OBÉLIX!

EN TOUT CAS, LE DÉPART DE BONEMINE COÏNCIDE AVEC TA CONFRONTATION AVEC CE VOYAGEUR...

OUI, IL NOUS FAUT RETROUVER CE VICEVERTUS POUR EN SAVOIR PLUS...

BOUHOUHOU HOUuu!

COMMENÇONS PAR BABAORUM... PLUS J'Y PENSE, PLUS JE ME DIS QUE LES ROMAINS QUE NOUS AVONS CROISÉS PRÈS DU CAMP ONT EU AUSSI AFFAIRE À LUI!

OUI. ALLONS RAPPORTER SA LISTE DE COURSES À BONEMINE!

25

QU'EST-CE QU'ON VA LUI DIRE À BONEMINE SI ON LA RETROUVE?

ON VA TOUT D'ABORD S'ASSURER QUE SON DÉPART EST LE FRUIT DE SA VOLONTÉ...

ET APRÈS ON LA RAMÈNE AVEC NOUS?

SI ELLE NE VEUT PAS NOUS SUIVRE, J'AI BIEN PEUR QUE NOUS NE PUISSIONS RIEN Y FAIRE...

MOI, QUAND IDÉFIX NE VEUT PAS ME SUIVRE, JE PARS DEVANT À QUATRE PATTES EN ABOYANT ET ÇA LE FAIT VENIR...

OUAH!

ON VA ESSAYER DE TROUVER AUTRE CHOSE!

HALTE! QUE VOULEZ-VOUS?

EST-CE QUE PAR HASARD UN CERTAIN VICÉVERTUS SE TROUVERAIT ICI? NOUS SOUHAITERIONS LUI PARLER...

POUR SAVOIR CE QUE LES FEMMES DOIVENT RESPIRER...

ICI OU PAS, GAULOIS, MALHEUREUSEMENT, JE NE PEUX VOUS LAISSER ENTRER. MAIS SACHEZ QU'"UNE PORTE FERMÉE EST UNE INVITATION À EN OUVRIR D'AUTRES"...

À LA GAAAAARDE! DEUX INDIVIDUS FORT COURTOIS QUOIQUE TURBULENTS ONT PÉNÉTRÉ DANS LE CAMP!

OOOH, DES DIZAINES DE ROMAINS QUI SE PRÉCIPITENT POUR NOUS ACCUEILLIR... Y A PAS À DIRE, ILS SAVENT RECEVOIR!

À LUTÈCE ?!

MAIS QU'EST-CE QU'ELLE EST ALLÉE FAIRE À LUTÈCE ?! ELLE EST ALLÉE VOIR SON INSUPPORTABLE DE FRÈRE, C'EST ÇA ?!!

PEUT-ÊTRE A-T-ELLE SIMPLEMENT BESOIN DE FAIRE LE POINT...

MAIS LE POINT DE QUOI ? C'EST QUOI ÇA, LE POINT ? ON AURAIT PU LE FAIRE TOUS LES DEUX, LE POINT ! OU MÊME TOUS ENSEMBLE, AUTOUR D'UN BANQUET EN MANGEANT DU SANGLIER, EN RIGOLANT ET EN SE METTANT DES BAFFES !

ELLE M'A ABANDONNNÉÉÉ ! J'AI TELLEMENT MAAAAAL ! BOUHOU OUHOUU !

ÇA, C'EST LE FOIE !

Ô ABRARACOURCIX NOTRE CHEF, OBÉLIX ET MOI PARTONS À LUTÈCE SUR L'HEURE ET NOUS PROMETTONS DE TE RAMENER BONEMINE !

MÊME SI POUR ÇA ON DOIT FAIRE LE POING AVEC LES ROMAINS !

JE PRÉPARE MES AFFAIRES ET JE VIENS AVEC VOUS !

Ô CHEF, JE ME DEMANDE SI C'EST UNE BONNE IDÉE...

JUSTEMENT, JE SUIS LE CHEF, JE VIENS AVEC VOUS ! IL EST QUESTION DE BONEMINE, JE TE RAPPELLE !

IL A RAISON, ÇA LUI FERA LE PLUS GRAND BIEN DE S'AÉRER, IL A UNE MINE ÉPOUVANTABLE... J'AI BIEN PEUR QU'IL NE NOUS COUVE UNE GROSSE BAISSE DE MORAL...

JE T'ENTENDS, HEIN...

C'EST LA PREMIÈRE FOIS QUE TU PRENDS LE CGV(*), BONEMINE? COMME C'EST CHARMANT!

(*) CHAR À GRANDE VITESSE.

DEPUIS QUE LA **S**OCIÉTÉ **N**OUVELLE DES **C**HARS ET DU **F**OIN LES A MIS EN PLACE, RELIER LUTÈCE À LA PROVINCE EST DEVENU BEAUCOUP PLUS SIMPLE ET RAPIDE...

NOUS VOUS INFORMONS QUE NOUS CIRCULONS ACTUELLEMENT AVEC UN RETARD DE QUINZE SABLIERS SUITE À L'ACCIDENT DE SANGLIER D'HIER SUR LA VOIE!

"MÊME S'ILS ONT ENCORE DES PROGRÈS À FAIRE..."

OOOH, JE SUIS SI EXCITÉE D'ALLER À LUTÈCE! AUSSITÔT ARRIVÉE, J'IRAI RENDRE VISITE À MON FRÈRE HOMÉOPATIX. QUELLE SURPRISE IL VA AVOIR!

MMH... JE NE PEUX PAS PRENDRE LE RISQUE DE LA LÂCHER DANS LA NATURE ET LA PERDRE DE VUE... ELLE DOIT ÊTRE AVEC MOI QUAND CÉSAR ARRIVE.

QUE DIRAIS-TU QUE JE T'Y ACCOMPAGNE? J'AI TRÈS ENVIE DE FAIRE LA CONNAISSANCE DE CE FRÈRE EXTRAORDINAIRE!

BONNE IDÉE! AVEC PLAISIR!

OUF!

JE T'AI CONCOCTÉ UN PROGRAMME QUI DEVRAIT TE PLAIRE, NOUS NE DEVRIONS PLUS TARDER À ARRIVER MAINTENANT...

J'AI TELLEMENT HÂTE!

NOUS VOUS INFORMONS QUE NOUS CIRCULONS ACTUELLEMENT AVEC UN RETARD DE VINGT SABLIERS SUITE À LA CHUTE DE PLUSIEURS CHÂTAIGNES SUR L'UN DES CHEVAUX...

BIEN DES LIEUES DERRIÈRE...

ON N'AURAIT PAS DÛ LE PRENDRE, IL CASSE L'AMBIANCE...

EH BIEN À TOI DE LUI RENDRE LE SOURIRE, OBÉLIX... N'OUBLIE PAS CE QU'A DIT PANORAMIX, CE VOYAGE EST CENSÉ LUI CHANGER LES IDÉES...

AH, D'ACCORD...

EH, ABRARACOURCIX, TU LA CONNAIS, CELLE-LÀ?

C'EST UN NUMIDE, UN IBÈRE, UN GOTH ET UN GAULOIS QUI SONT DANS UNE GALÈRE...

JE VOIS PAS OÙ C'EST DRÔLE.

ET ALORS LE GOTH DIT... EUH, NON, C'EST LE NUMIDE QUI DIT... OUI, NON, PARCE QUE D'ABORD LE GAULOIS DEMANDE AUX AUTRES... EUH, AH OUI, NON, C'EST LE GOTH QUI...

ATTENDS... C'EST QUOI DÉJÀ?

ILS NE SEMBLENT PAS ÊTRE LES SEULS DANS LA GALÈRE!

JE LA CONNAISSAIS AVEC UN BELGE...

HALTE !!!

VOTRE VOYAGE S'ARRÊTE ICI! DESCENDEZ DE CE CHAR, NOUS LE RÉQUISITIONNONS JUSQU'À NOUVEL ORDRE!

N'AYEZ AUCUN REGRET: "CE QUE TU POSSÈDES FINIT PAR TE POSSÉDER."

MOI AUSSI J'AI UNE PETITE PHRASE POUR VOUS : "QUAND TU BOIS UNE GORGÉE, N'OUBLIE PAS DE DISTRIBUER."

OOH, C'EST JOLI!

OUI, J'AIME BEAUCOUP...

J'AI COMME L'IMPRESSION QUE LES ROMAINS NOUS ONT LAISSÉ DES PETITES SURPRISES TOUT LE LONG DU TRAJET...

ASTÉRIIIIX, IL FAIT TOUJOURS LA TÊTE "

PERSÉVÈRE! "L'ÉCHEC EST LA MÈRE DU SUCCÈS", COMME DIRAIT NOTRE AMI.

AH PARCE QU'IL FAUT AUSSI RAMENER LA MÈRE D'ABRARACOURCIX?? ON N'EST PAS PRÈS DE RENTRER!...

AU MÊME INSTANT...

PROCHAIN ARRÊT, LUTÈCE TERMINUS, PRENEZ GARDE À L'INTERVALLE ENTRE LE CHAR ET LE SOL. AVANT DE DESCENDRE, ASSUREZ-VOUS DE NE RIEN OUBLIER À BORD.

LVTECE
GARE CGV
TERM

BIENVENUE À LUTÈCE, BONEMINE!

DONC C'EST ENTENDU? NOUS PASSONS DIRE UN PETIT BONJOUR À TON FRÈRE ET ENSUITE JE TE FAIS LA VISITE?

PARFAIT!

NOUS VOUS INFORMONS QUE CE CGV NE REPARTIRA QUE DEMAIN, SUITE À UN SABOT DÉFECTUEUX...

PFF! MERCI LE SERVICE PUBLIC!

ET AVEC NOS IMPÔTS EN PLUS!

PENDANT CE TEMPS, CHAQUE PAUSE EST MISE À PROFIT POUR REMONTER LE MORAL DES TROUPES...

ALLEZ, ON VA FAIRE UN PETIT JEU DE CACHE-CACHE. TU TE CACHES ET JE TE CHERCHE. ALLEZ, C'EST PARTI !

C'EST BON, JE SUIS CACHÉ.

HOUHOUUUUU, ABRARACOUR-CiiiiiiiX !

JE SUIS LÀ.

OÙ ES-TUUU ?

JE SUIS LÀ.

JE TE VOIS PAAS...

JE SUIS LÀ.

PAR TOUTATIS, JE ME DEMANDE OÙ IL PEUT ÊTRE...

JE SUIS LÀ.

"SI TU ENVOIES DE LA LUMIÈRE ELLE TE REVIENDRA."

"IL FAUT S'EFFORCER DE VOIR LE GOÉLAND VÉRITABLE EN CHACUN."

"DERRIÈRE LES NUAGES IL Y A TOUJOURS DU BLEU !"

ARRÊTEEEZ !

JE N'EN PEUX PLUS !!! DEPUIS QU'ON A ABORDÉ CETTE GALÈRE AVEC CE ROMAIN IL Y A QUELQUES SEMAINES, ILS ONT TOUS PERDU LA TÊTE !

BAH, C'EST PAS MAL UN PEU DE POSITIF, NON ? "SIC ITUR AD ASTRA."

SiiiI C'EST MAL ! ON EST DES PIRATES !

UN PIRATE C'EST NÉGATIF, HARGNEUX ET SANGUINAIRE ! ÇA PILLE ET ÇA MANGE AVEC LES DOIGTS SANS SE LAVER LES MAINS !

DES PIRATES POSITIFS, JE CROIS QU'ON NE PEUT PAS TOMBER PLUS BAS, CORNE DE BOUC !

GLBLL BL...

JE SUIS SI LAS...

"TANT QUE BLL BLLB C'EST QUE BLLBL..."

33

MA MIMINE! QUELLE SURPRISE!

HOMÉOPATOU!

JE VOIS QUE TU AS CHANGÉ TES FRÉQUENTATIONS. PAS TROP TÔT!

JE TE PRÉSENTE VICÉVERTUS, UN AMI DU VILLAGE...

BIEN LE BONJOUR.

ALORS, QU'EST-CE QUI T'AMÈNE À LA GRANDE CITÉ?

VICÉVERTUS VA ME FAIRE DÉCOUVRIR LES LIEUX À LA MODE...

AH, TU AS ENFIN RÉALISÉ QUE LA VRAIE VIE EST ICI ET PAS DANS TON TROU PERDU AU MILIEU DES SANGLIERS...

TU SAIS BIEN QUE SI ÇA N'AVAIT TENU QU'À MOI...

À PROPOS DE SANGLIER, COMMENT VA MACHIN?

OH, LUI, TU LE CONNAIS, TANT QU'IL EST AVEC SES COPAINS IL EST CONTENT, ÇA BÂFRE, ÇA BOIT ET ÇA RIGOLE...

BOOOUUUHH!

POURQUOI ELLE EST PARTIIIIIIE??

TIENS, ÇA FAISAIT LONGTEMPS...

Ô ABRARACOURCIX, NOTRE CHEF, MANGE UN MORCEAU, IL FAUT QUE TU PRENNES DES FORCES...

NON, ÇA SERT À RIEN DE MANGER.

NE T'INQUIÈTE PAS, ELLE A JUSTE BESOIN DE RESPIRER UN PEU...

OUI, ET TOI AUSSI TU DOIS RESPIRER... SI TU VEUX, JE PEUX TE DÉBARRASSER DE ÇA POUR TE LAISSER RESPIRER.

JE TE PROMETS QUE CETTE HISTOIRE VA SE TERMINER DANS LA JOIE AUTOUR D'UN GRAND BANQUET SOUS LES ÉTOILES...

POF POF

CHOMP CHOMP

MAIS OUI! ET ON BOIRA À LA SANTÉ DE BONEMINE ET DE SA NOUVELLE VIE À LUTÈCE!

BOOUUH!

QUOI? QU'EST-CE QUE J'AI DIT?

34

POUR UNE INÉGALITÉ RÉELLE AVEC LES ESCLAVES!

LES AFFRANCHIS EN COLÈRE!

LINES

LES GALÉRIENS VEULENT DES RAMES SANS ÉCHARDES

ÇA M'A FAIT PLAISIR DE REVOIR MON FRÈRE...

ALLONS PRENDRE UNE AMPHORETTE À LA TAVERNE DU GREC LÉDEUMAGOS, JE VAIS TE PRÉSENTER QUELQUES AMIS FORT SYMPATHIQUES...

TIENS, REVOILÀ NOTRE IRIS BLANC...

VISIBLEMENT ACCOMPAGNÉ D'UNE FLEUR DES CHAMPS...

LEDEUMAGOS

BONJOUR, LES AMIS. JE VOUS PRÉSENTE BONEMINE, UNE AMIE QUI ARRIVE DE PROVINCE...

BONJOUR, BONEMINE!

OÙ ÇA, EN PROVINCE?

EN ARMORIQUE.

OOOH, L'ARMORIÏÏQUE, J'ADOOORE!

BONEMINE VIT DANS UN CHARMANT PETIT VILLAGE RECULÉ EN BORD DE MER...

LE RÊÊÊVE!

OOOH!

JE VEUX ÇAAA...

C'EST VOUS QUI AVEZ TOUT COMPRIS...

LUTÈCE EST DEVENUE IN-VI-VA-BLE.

MEUH OUI, C'EST FINI LUTÈCE, C'EST PLUS COMME AVANT.

ALORS QUE VOUS, TRANQUILLES, LOIN DE TOUT, C'EST VOUS LES PLUS HEUREUX...

MAIS OUI, LE RETOUR AUX VALEURS SIMPLES...

GARDER DES CHÈVRES, MARCHER DANS LA BOUE ET REGARDER DES MENHIRS, VOUS AVEZ TELLEMENT RAISON!

OH, MAIS VOUS AVEZ UN TAS DE CHOSES À FAIRE ICI!

NE M'EN PARLE PAS, ON EST CONSTAMMENT EN TRAIN DE COURIR, L'HORREUR...

ET TU RESTES LONGTEMPS À LUTÈCE, BONEMINE?

JE NE SAIS PAS ENCORE...

JUSTE LE TEMPS POUR CÉSAR D'ARRIVER DE ROME...

...ET DE RÉCUPÉRER SON PETIT CADEAU!

ON VA OÙ AU FAIT ?

CHEZ HOMÉOPATIX, LE FRÈRE DE BONEMINE.

QUOI ?

HORS DE QUESTION QUE J'AILLE CHEZ CE MAL EMBOUCHÉ QUI VA ENCORE ESSAYER DE M'EN METTRE PLEIN LA VUE !

AAH, BEN VOILÀ, IL SE RÉVEILLE.

Ô ABRARACOURCIX, NOTRE CHEF, NOUS N'AVONS PAS LE CHOIX, VICÉVERTUS NOUS A SEMÉS ET LUTÈCE EST IMMENSE !

JE CROYAIS QUE LUTÈCE ÉTAIT TOUTE PETITE POUR CEUX QUI SÈMENT...

C'EST NOTRE SEULE CHANCE D'AVOIR DES NOUVELLES DE BONEMINE, ELLE EST SÛREMENT PASSÉE LE VOIR !

TIGNF GN...

IL EST RETOURNÉ À SON ÉTAT D'HUÎTRE... C'ÉTAIT UNE FAUSSE ALERTE, ON PEUT Y ALLER.

À CONDITION QU'ON ARRIVE À AVANCER... LES LUTÉCIENS DOIVENT ÊTRE EN RETARD PARTOUT OÙ ILS SE RENDENT. À CE RYTHME ON SERA ENCORE LÀ CE SOIR...

ET RATER L'HEURE DU REPAS ? NON MAIS ÇA VA PAS ?!?

PARDON.

PARDON.

PARDON.

PARDON.

PARDON.

ILS NE SAVENT PLUS QUOI INVENTER POUR AGRÉMENTER LEURS EXERCICES PHYSIQUES !

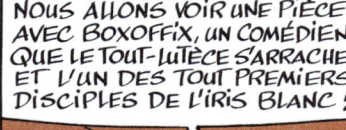

ÇA ME FAIT PLAISIR DE VOUS VOIR, LES PROVINCIAUX! EFFECTIVEMENT, BONEMINE EST PASSÉE...

SAIS-TU OÙ ELLE EST ALLÉE?

NON, ELLE NE M'A RIEN DIT, MAIS NE VOUS INQUIÈTEZ PAS, ELLE AVAIT L'AIR EN PLEINE FORME!

SI SEULEMENT... J'AI BIEN PEUR QU'IL SE TRAME QUELQUE CHOSE DE PLUS GRAVE LÀ-DESSOUS...

"UNE SEULE GOUTTE D'OCÉAN PEUT RASSASIER MILLE CŒURS."

SACERDOS, MON NOUVEL ESCLAVE QUE J'AI PAYÉ UNE FORTUNE!

OUI, NON, D'ACCORD, MAIS ON PEUT QUAND MÊME METTRE PLUSIEURS GOUTTES.

QU'EST-CE QUE TU VIENS DE DIRE??

"UNE SEULE GOUTTE D'OCÉAN PEUT RASSASIER MILLE CŒURS." MAIS PAS SÛR, HEIN, ÇA PEUT ÊTRE MOINS...

OÙ AS-TU ENTENDU CE GENRE DE PHRASE, SACERDOS?

ELLE ME VIENT DE MON ANCIEN MAÎTRE, MACROBIOTIX...

ET OÙ PEUT-ON LE TROUVER, CE MACROBIOTIX?

IL TIENT L'AUBERGE "AUX DIVINS DÉLICES", À DEUX RUES D'ICI, C'EST LÀ QUE JE LUI AI ACHETÉ SACERDOS...

ALLONS-Y DE CE PAS!

MAIS... ET LA GOUTTE D'OCÉAN?

NOUS AVONS UNE MISSION À ACCOMPLIR, OBÉLIX, ET NOUS ALLONS DANS UNE AUBERGE. NOUS EN PROFITERONS POUR MANGER UN MORCEAU...

MAIS BIEN SÛR, ALLONS-Y DE CE PAS! QU'EST-CE QUE VOUS FAITES À TRAÎNER, LÀ?? LA MISSION NE VA PAS S'ACCOMPLIR TOUTE SEULE!

HOMÉOPATIX, GALANTINE, MERCI POUR VOTRE ACCUEIL...

ALLEZ, MACHIN, COURAGE! ELLE REVIENDRA, TA BONEMINE...

MÊME SI JE NE COMPRENDS TOUJOURS PAS POURQUOI...

ALLEZ! ALLEZ! VOUS VOUS DIREZ AU REVOIR UNE AUTRE FOIS!

J'AIMERAIS BIEN AVOIR UNE CHARINETTE MOI AUSSI POUR ALLER TAILLER MES MENHIRS...

TU ES TROP GROS.

Aux Divins Délices

AH! C'EST ICI!

DIS DONC, TA BAISSE DE MORAL NE T'AUTORISE PAS À DIRE N'IMPORTE QUOI...

BIENVENUE! MACROBIOTIX, POUR VOUS SERVIR... SI C'EST POUR MANGER, VOUS POUVEZ ENTRER ET VOUS INSTALLER.

ET COMMENT QUE C'EST POUR MANGER!

OH LÀ LÀÀÀ! JE N'AI JAMAIS VU AUTANT DE PLATS RÉUNIS! DEPUIS LE TEMPS QUE J'ATTENDAIS CE MOMENT!

OUI, ENFIN N'OUBLIONS PAS QUE NOUS AVONS UNE MISSION. NOUS ALLONS L'INTERROGER EN TOUTE DISCRÉTION...

CES MESSIEURS ONT-ILS FAIT LEUR CHOIX?

JE VAIS PRENDRE "LA SUAVE MÉLODIE DE SANGLIERS VIRE-VOLTANTS DANS LEUR ÉCRIN FORESTIER DE PRINTEMPS RADIEUX..."

METTEZ-EN TROIS.

NON.

ET TROIS MÉLODIES... TRÈS BON CHOIX. CELA DIT "CHAQUE CHEMIN EST LE BON PUISQU'IL MÈNE QUELQUE PART."

OOOH, VOILÀ UNE BIEN BELLE PHRASE! D'OÙ TIENS-TU UNE TELLE PHILOSOPHIE?

AAH, LA MISSION!

AH ÇA, UNE BELLE LEÇON DE VIE DE BOXOFFIX! VOUS CONNAISSEZ, J'IMAGINE...

NON...

PFRRF... LA MISSION!

MAIS SI ENFIN, BOXOFFIX, LE GRAND COMÉDIEN! IL VIENT MANGER ICI, C'EST LUI QUI AU FIL DE SES VISITES M'A INITIÉ À LA PENSÉE DE L'IRIS BLANC DONT IL EST UN FERVENT DISCIPLE.

OH... ET OÙ PEUT-ON LE TROUVER, CE BOXOFFIX?

IL JOUE AU COUCHER DU SOLEIL AUX ARÈNES DE LUTÈCE, JE VOUS LE CONSEILLE, ÇA FAIT UN TUSSILAGE(*).

(*)PLANTE FUMÉE AVANT L'ARRIVÉE DU TABAC EN EUROPE...

40

NOUS ALLONS RETROUVER CE BOXOFFIX QUI NOUS METTRA PEUT-ÊTRE SUR LA PISTE DE VICÉVERTUS, ÇA VOUS VA ?

J'AI RIEN COMPRIS, MAIS ÇA ME VA !

NON.

LES MÉLODIES POUR LES TROIS JEUNES GENS SYMPATHIQUES...

AAAH ! ÇA AUSSI ÇA ME VA !

ET BELLE DÉGUSTATION !

EUH... EXCUSEZ-MOI, SANS FAIRE EXPRÈS, VOUS AVEZ MIS LA MÉLODIE MAIS VOUS AVEZ OUBLIÉ LE SANGLIER...

DU COUP, ÇA VIREVOLTE PAS TROP ! '''

AAAAH VOUS VENEZ DE PROVINCE, C'EST ÇA ? EH BIEN JE VOUS PRÉSENTE LA NOUVELLE CUISINE !

OUI, ALORS MOI JE VAIS PRENDRE PLUTÔT DE L'ANCIENNE S'IL VOUS EN RESTE...

DES GENS IMPORTANTS DE TOUTE LA GAULE VIENNENT ICI !

ET APRÈS, ILS VONT MANGER OÙ ?

OBÉLIX, MANGEONS ET ALLONS-Y. NOUS DEVONS VOIR CE BOXOFFIX LE PLUS VITE POSSIBLE...

BEN ÇA Y EST, J'AI FINI.

AVEC TON MORAL EN BAISSE, TU DOIS PAS AVOIR TROP FAIM, TOI, NON ?

TOUCHE PAS, C'EST À MOI.

TU IMAGINES SI JE ME METTAIS À FABRIQUER DES MENHIRS HAUTS COMME LE POUCE EN DISANT "NON MAIS C'EST LES NOUVEAUX MENHIRS" ?

JE M'EN FICHE.

RHAAA! MAIS ELLE EST OÙ CETTE ENTRÉE? TOUS LES COULOIRS SE RESSEMBLENT ICI!

ON N'EST PAS DÉJÀ PASSÉS PAR LÀ?

AH, ENFIN UNE ENTRÉE! CE DOIT ÊTRE LÀ!

CIEL MON ÉPOUSE! CACHEZ-VOUS VITE!

ÉPOUSE TOI-MÊME!

COCHONNET!

MIMINE!

LÉGIONNAIRES, EMPAREZ-VOUS DE CES INTRUS QUI PERTURBENT LE SPECTACLE!

TU EN VEUX CETTE FOIS, Ô ABRARACOURCIX, NOTRE CHEF?

PLUTÔT DEUX FOIS QU'UNE!

OUH LÀ LÀ, JOUER EN PUBLIC, J'AI LE TRAC!

RELÂCHE-LA IMMÉDIATEMENT!

JE N'AI D'ORDRE À RECEVOIR DE PERSONNE! ON NE S'OPPOSE PAS À L'IRIS BLANC!

J'AI MIEUX QUE L'IRIS BLANC, MA PETITE MÉTHODE À MOI...

LA PAUPIÈRE MAUVE!

PAF!

OOOH, MON COCHONNET À MOI! QUE C'EST BON DE TE RETROUVER, TU M'AS TELLEMENT MANQUÉ!

MA MIMINE À MOI! TOI AUSSI TU M'AS MANQUÉ.

OOOHH, REGARDEZ COMME C'EST BEAU...

C'EST MAGNIFIQUE...

J'EN AI LES LARMES AUX YEUX POCHÉS...

QU'EST-CE QUI SE PASSE ICI?

CÉSAR! CÉSAR! CÉSAR! CÉSAR! C'EST CÉSAR! HANN CÉSAR! CÉSAR! CÉSAR! CÉSAR! CÉSAR! WAAAH! CÉSAR! ÇA ALORS, CÉSAR! CÉSAR! CÉSAR! CÉSAR! CÉSAR! CÉSAR! CÉSAR! CÉSAR! CÉSAR! CÉSAR! CÉSAR!

OH, TU... TU ES DÉJÀ LÀ?

AH, TE VOILÀ, TOI! C'EST DONC ÇA, TA SURPRISE?! UN THÉÂTRE (SUBVENTIONNÉ QUI PLUS EST) SENS DESSUS DESSOUS ET MES HOMMES HUMILIÉS. C'EST POUR ÇA QUE TU AS FAIT DÉPLACER CÉSAR?

C'EST LES FÉLINS QUE TU VAS RENDRE HEUREUX! RIEN DE TEL QUE DE L'IRIS AU MENU POUR LEUR ÉQUILIBRE ALIMENTAIRE...

Ô JULES, SI JE PEUX ME PERMETTRE D'INTERVENIR...

JE TE DEMANDE DE REVOIR TA SENTENCE, Ô CÉSAR ! CERTES, VICÉVERTUS A ÉCHOUÉ, MAIS QUI N'A JAMAIS ÉCHOUÉ ?... "LE PARDON EST LA PLUS BELLE FLEUR DE LA GRANDEUR" !

ET PUIS ÉCOUTE LE PUBLIC, Ô CÉSAR ! VOIS COMME IL EST CONTENT DE NOTRE PETITE REPRÉSENTATION QUI N'A ÉTÉ RENDUE POSSIBLE QUE GRÂCE À VICÉVERTUS !

QUELLE BAGARRE, PAR BÉLÉNOS !

ET CETTE ÉMOTION !

C'ÉTAIT ROMANTIIIQUE !

ET QUELLE FIN POIGNANTE, J'EN PLEURE ENCORE !

UN VRAI SENT-BIEN, CE SPECTACLE !

JE VAIS LE CONSEILLER À TOUT LE MONDE !

ÇA MÉRITE TROIS "L" DANS LUTÈCERAMA !

MMH... OUI, LE PUBLIC EST CONTENT ET J'AIME QUAND LE PUBLIC EST CONTENT...

OUI, ORGANISÉ AVEC MÉTHODE, HEIN...

LA BAGARRE ET TOUT ÇA...

SOIT ! CÉSAR N'EST PAS UN INGRAT... JE ME CONTENTERAI DE L'ENVOYER FAIRE UN PETIT SÉJOUR EN GALÈRE POUR LUI REMETTRE LES DICTONS EN PLACE.

QUANT À VOUS, DÉGUERPISSEZ AVANT QUE JE NE CHANGE D'AVIS !!!

ON N'ATTENDAIT PAS TON AUTORISATION, JULES !

ET C'EST AINSI QUE LE TRAJET DE RETOUR SE TRANSFORME EN SECONDE LUNE DE MIEL POUR ABRARACOURCIX ET BONEMINE...

IL EST AUSSI ENNUYEUX QU'À L'ALLER. C'ÉTAIT BIEN LA PEINE DE FAIRE TOUT ÇA...

VICÉVERTUS, DE SON CÔTÉ, PROFITE DE SON SÉJOUR POUR PEAUFINER SA MÉTHODE...

"HOMME LIBRE, TOUJOURS TU CHÉRIRAS LA MER."

MAIS FAITES-LE TAIRE !

QUAND ENFIN, AU TERME D'UN VOYAGE AUSSI PAISIBLE QUE ROMANTIQUE...

ON EST ARRIVÉS ! SENTEZ-MOI ÇA LES AMIS, CE PARFUM DE SANGLIER RÔTI, DE MOUSSE, DE MENHIR...

...DE FEU DE BOIS, DE...

SPLOUTCH !

FABCARO + CONRAD 2023

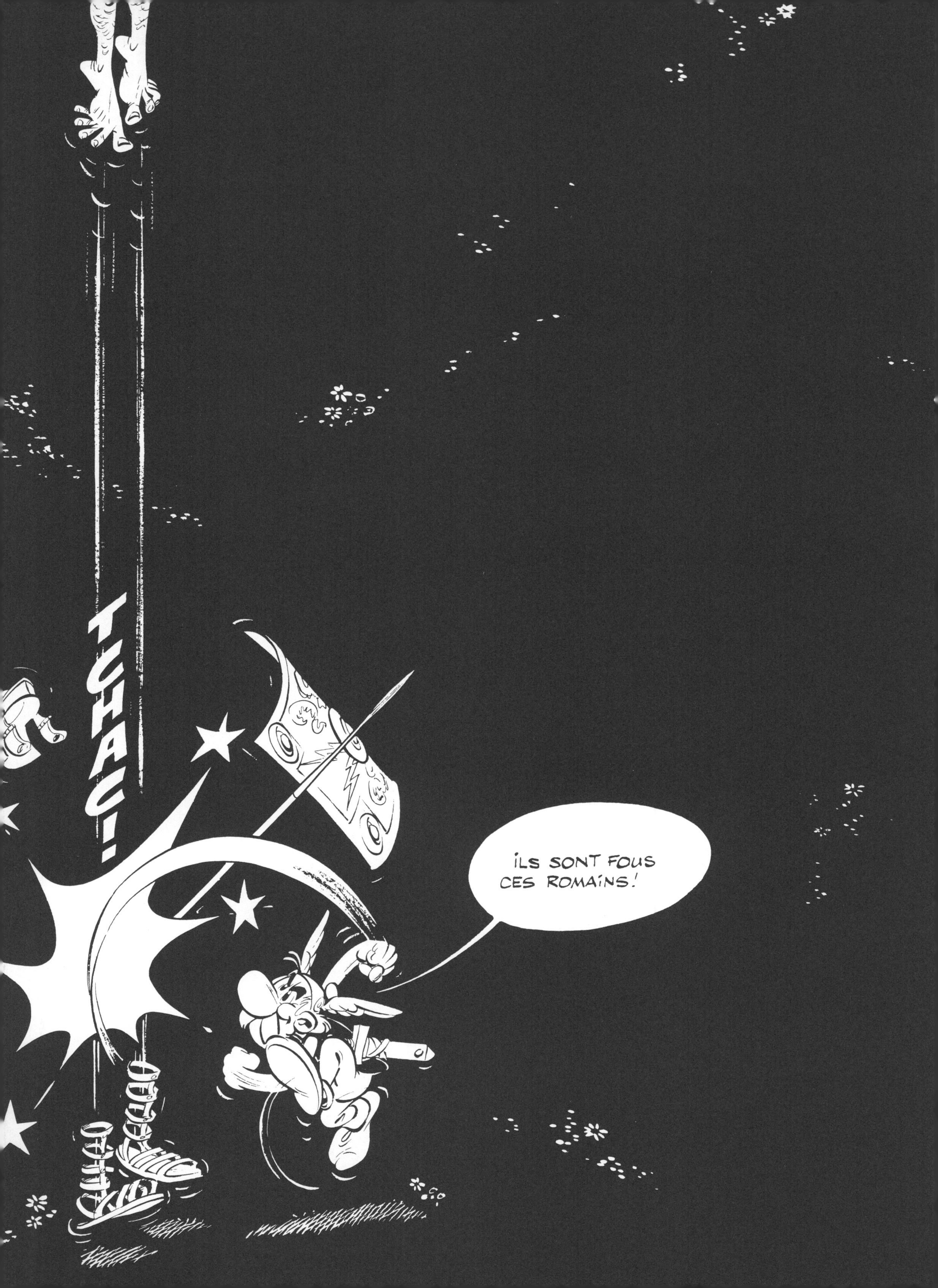
TCHAC!!
ILS SONT FOUS CES ROMAINS!